Mc
Graw
Hill
Education

COVER: Nathan Love, Erwin Madrid

mheducation.com/prek-12

Send all inquiries to:
McGraw-Hill Education
Two Penn Plaza
New York, New York 10121

ISBN: 978-0-07-683725-0
MHID: 0-07-683725-4

Printed in the United States of America.

2 3 4 5 6 7 8 9 QVS 23 22 21 20 19

B

Autores

Jana Echevarria   Gilbert D. Soto

Teresa Mlawer   Josefina V. Tinajero

Mc Graw Hill Education

UNIDAD 3

Cambios con el paso del tiempo

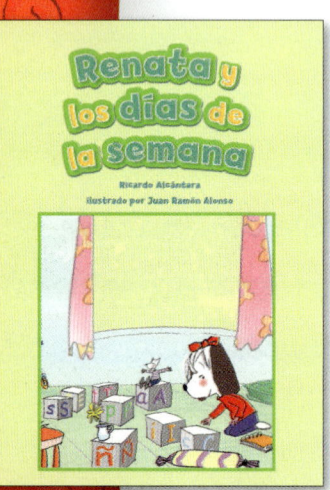

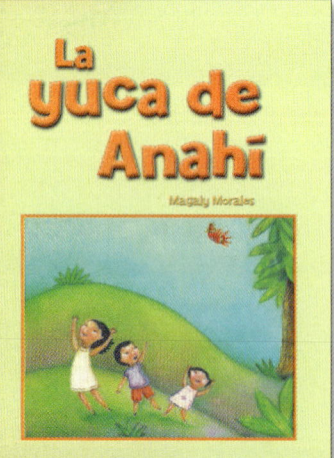

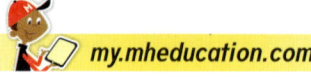
my.mheducation.com

Pregunta esencial

¿Cómo medimos el tiempo?

Descubre cuál es el día de la semana favorito de una inteligente perrita.

¡Conéctate!

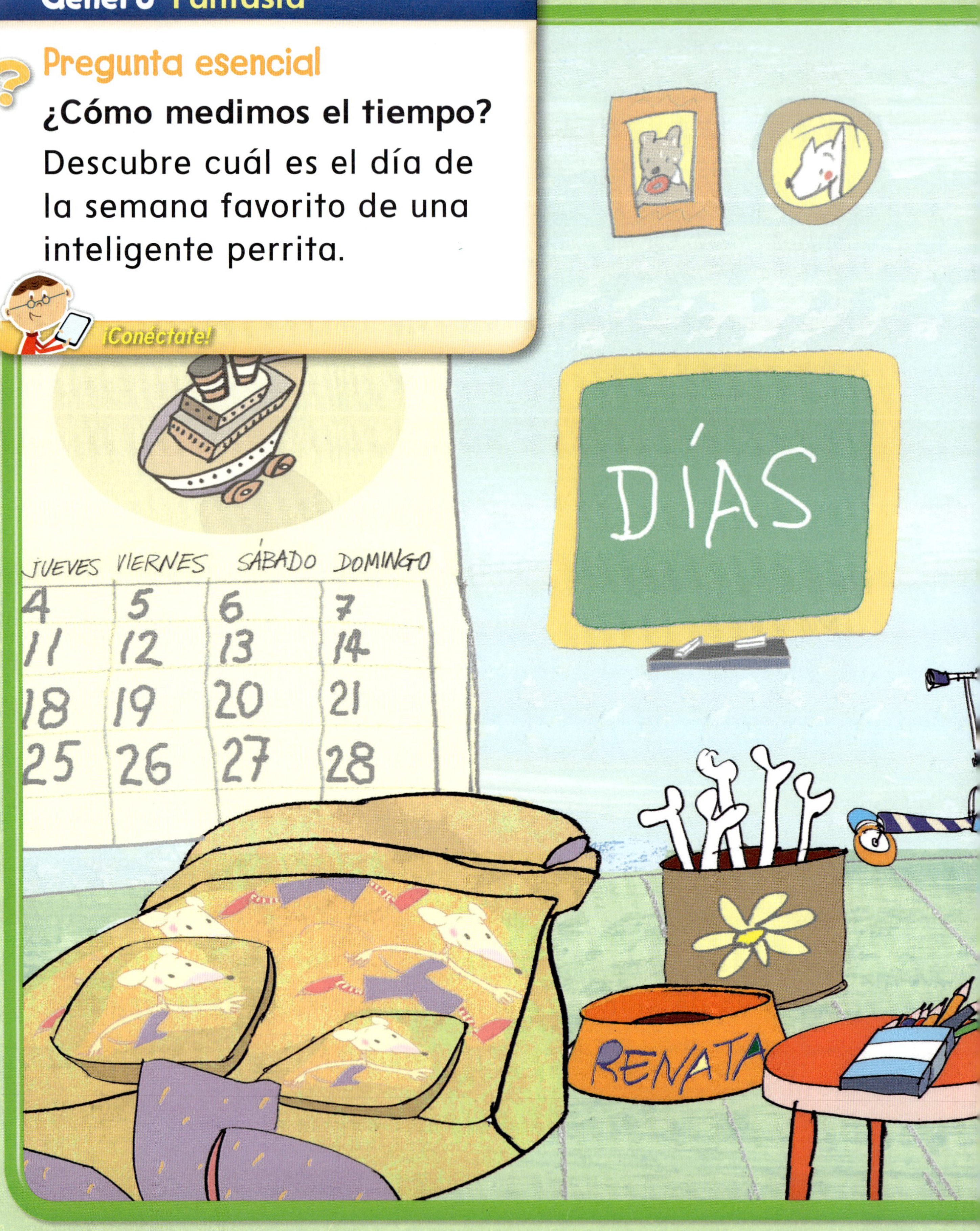

DÍAS

JUEVES	VIERNES	SÁBADO	DOMINGO
4	5	6	7
11	12	13	14
18	19	20	21
25	26	27	28

RENATA

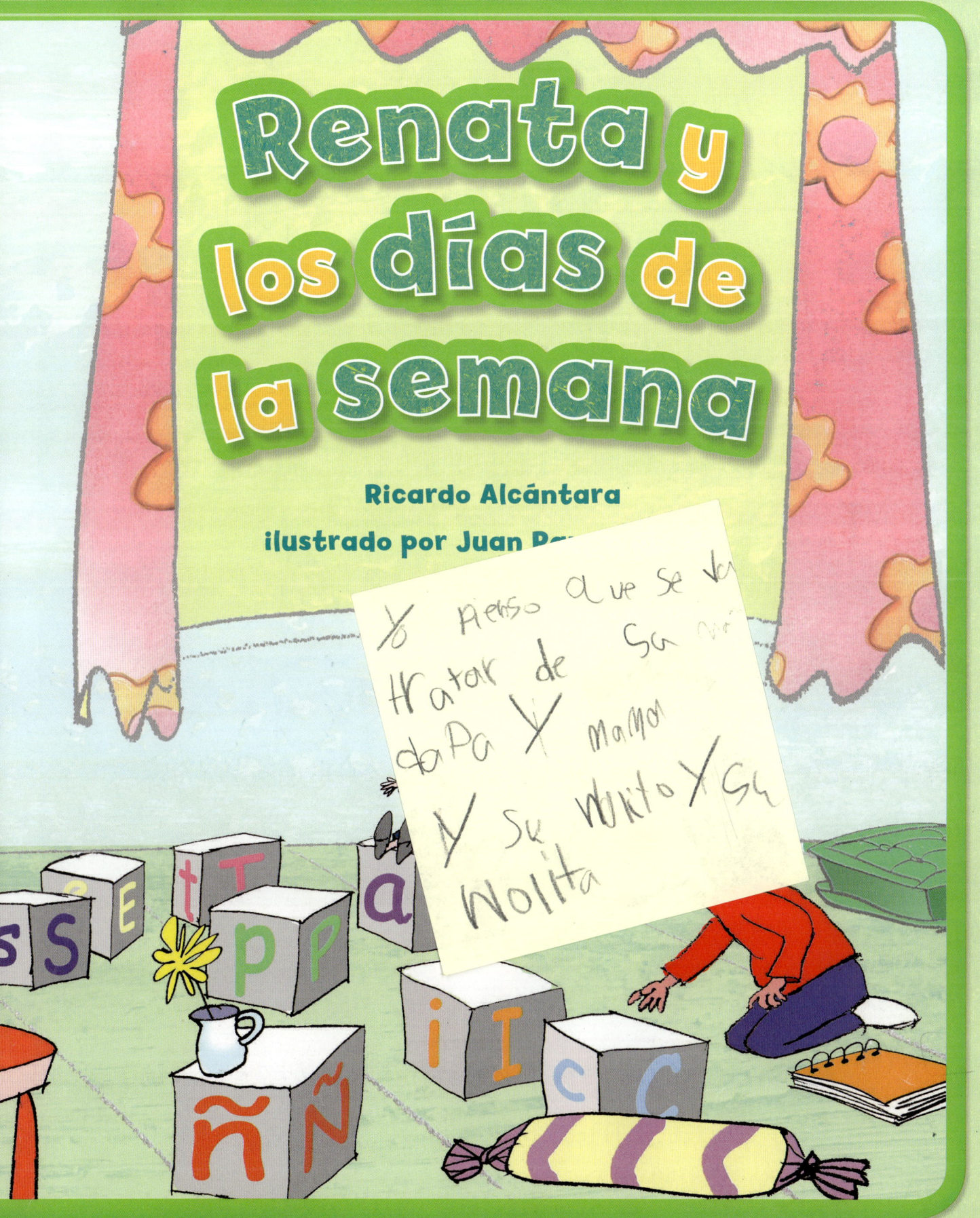

Renata y los días de la semana

Ricardo Alcántara

ilustrado por Juan Ra

Renata es una perra muy lista.

Tan lista que **pronto** aprendió los días de la semana.

Los lunes va al parque con su papá.

Los martes toca el piano.

Después, lee un rato.

Los miércoles Roberto va a su casa.

Son tan buenos amigos que rara
vez se enfadan.

Los jueves ayuda a su mamá.

Después, las dos van de paseo.

Los viernes visita a la abuela.

Ella vive **cerca** de su casa.

Los sábados va al mercado con
mamá y papá.

El domingo...

El domingo no es un día como
los demás.

—¡**Hoy** es domingo! —dice Renata
al despertar.

Se levanta y va a ver a sus papás.

—Buenos días —dice ella **cuando** ve
a sus papás.

—Buenos días —saludan sus papás.

Renata juega con ellos.

"El domingo es el día que más me gusta",
piensa Renata.

Desea que el tiempo pase muy lentamente.

17

La imaginación de Ricardo

Ricardo Alcántara dice: "De pequeño, mi día favorito era el domingo. Ese día solía esconderme en el hueco entre la bañera y la pared, y dejaba volar la imaginación. Pronto aprendí que era una buena compañera. Me ayuda a escribir mis cuentos y a entender lo que otros imaginan. ¡Dale alas a tu imaginación!".

Propósito del autor

Ricardo Alcántara quería escribir un cuento de una perrita que también tenía un día favorito. Dibuja una escena del cuento y escribe una oración debajo.

Jaume Maruny Valmaña

Respuesta al texto

Volver a contar

Vuelve a contar *Renata y los días de la semana* con tus propias palabras.

Principio
↓
Desarrollo
↓
Final

Escribir

Escribe cuatro páginas nuevas para el cuento. Cuenta qué sucede otra semana. Usa los siguientes marcos de oraciones:

El lunes...
El martes...

Hacer conexiones

COLABORA

 ¿Por qué son importantes los días de la semana en este cuento?

PREGUNTA ESENCIAL

Compara los textos

Lee sobre distintas formas de saber la hora.

¡Rin, rin, rin!
Este **reloj** te despierta.
¡Es hora de ir a la escuela!

¿Cómo sabes qué hora es?
Te lo dicen los números del reloj.

Algunos relojes tienen **agujas**.
Las agujas señalan los números.
Algunos relojes solo tienen números.

Todos los relojes te dicen
la **hora** y los **minutos**.
En una hora hay 60 minutos.
En un minuto hay 60 **segundos**.

David J. Green/Alamy

Hace mucho tiempo no había relojes con agujas. Para saber la hora se usaban relojes de sol.

Este reloj marcaba la hora con el movimiento del sol. El sol formaba una **sombra** que indicaba la hora. Pero el reloj de sol no mostraba los minutos. ¿Qué hora indica el reloj de la foto?

Luego se inventaron otros relojes. Cada vez era más fácil ver la hora y los minutos. ¡Se inventaron relojes de todos los tamaños!

Hoy podemos ver la hora en relojes pulsera, teléfonos y hasta en la computadora. ¡Siempre sabemos qué hora es!

 **Haz conexiones**

¿Qué día de la semana quisiera Renata que el tiempo pasara lentamente? **PREGUNTA ESENCIAL**

Pregunta esencial

¿Cómo cambian las plantas a medida que crecen?

Lee acerca de una yuca que no para de crecer.

¡Conéctate!

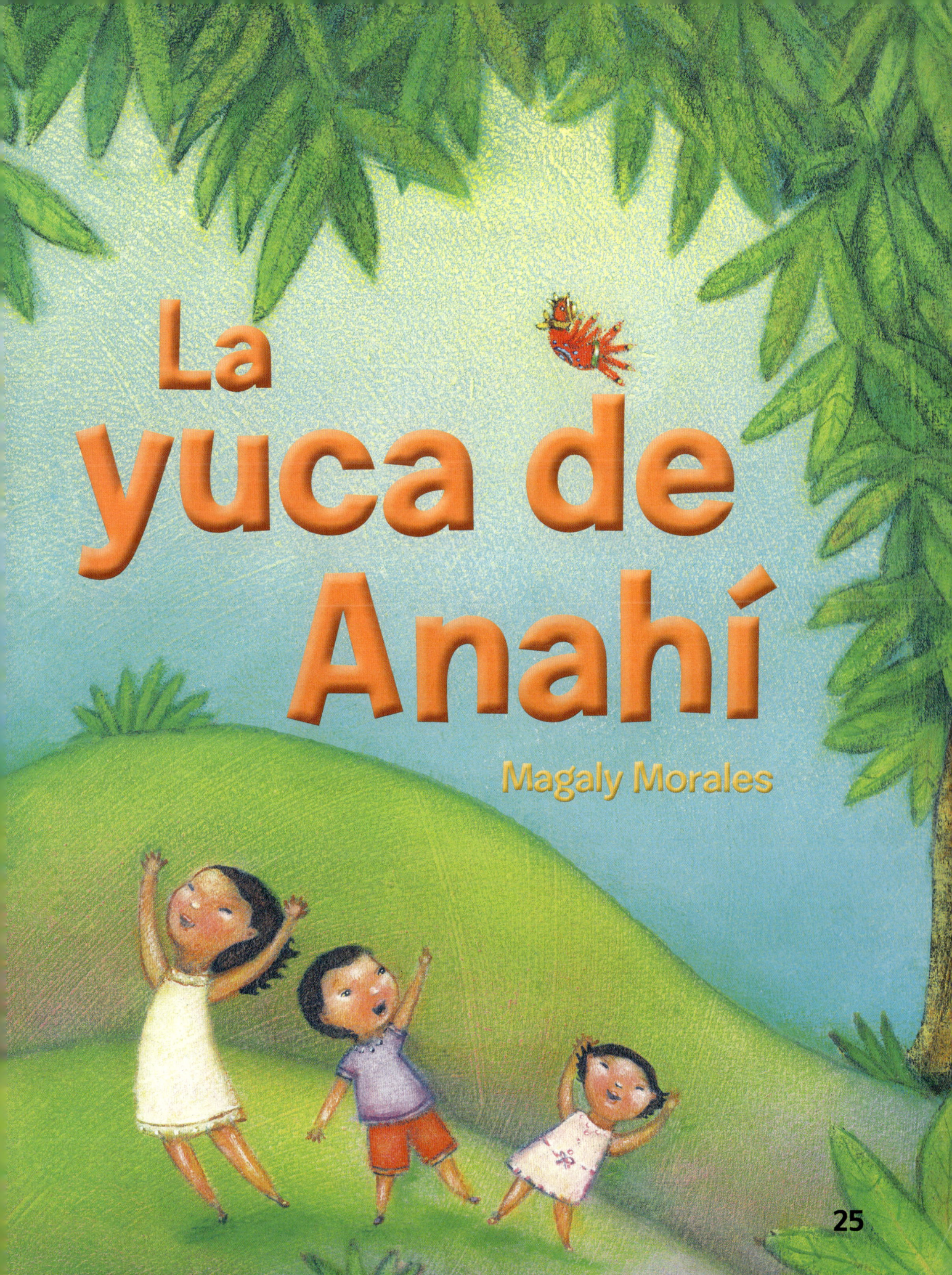

La yuca de Anahí

Magaly Morales

Personajes

Narrador

Homero

Anahí

Alí

Papá

Mamá

Cerdín

Felisa

Ratita

 **Narrador** ¿Qué va a plantar Anahí?

 **Homero** Hola, hermana. ¿Vas a plantar **flores**?

 **Anahí** No, hermano. Voy a plantar una yuca para comer las raíces.

 **Homero** ¡Qué rico! ¿Podemos ayudar?

27

 **Anahí**   Sí. Ali ayuda con su palito.
Tú puedes poner el **agua**.

 **Homero**   El sol y el **aire** harán
lo demás.

 **Ali**   ¿Será alta como yo?

Narrador Pasan los días. Y la yuca...

Papá ¿Eso es una yuca?
¡Es enorme!

Mamá Tiene el hermoso color de la yuca. Pero es alta como tú y yo.

 **Anahí**

¡Mi yuca es muy alta! Es hora de comer las raíces.

 **Narrador**

Anahí tira y tira.

 **Anahí**

¡Las raíces están duras! ¡La yuca no sale!

 **Homero**

Tú tira de la yuca. Yo tiro de ti.

 **Anahí**   ¡La yuca está atorada!

 **Ali**   Todos **juntos** la haremos salir.

 **Papá**   Esa yuca es enorme. ¿Les ayudamos?

 **Narrador**   Mamá y papá se suman. Pero la yuca no sale.

 **Homero**   Toda la **familia** tira. ¡Pero la yuca no sale!

 **Anahí**   ¿Quién nos dará una mano?

 **Mamá**   Cerdín es grande. Nos dará una pata.

 **Anahí**   ¿Nos das una pata, Cerdín?

 **Cerdín**   ¡Sí! Yo tiro de mamá.

 **Mamá**   Yo tiro de papá.

 **Papá**   Yo tiro de Ali.

 **Ali**   Yo tiro de Homero.

 **Homero**   Yo tiro de Anahí.

 **Anahí**   ¡Y yo tiro de la yuca!

 **Narrador**	Pero la yuca no sale.
 **Ali**	No se puede, no se puede.
 **Anahí**	¡Sí se puede! Dile a Felisa.
 **Homero**	Felisa, ¿nos das una pata?

 **Felisa**   Yo no soy grande como Cerdín...

 **Anahí**   ¡Súmate a la hilera! Todos juntos podemos más.

 **Felisa**   Bueno, les daré una pata.

 **Narrador** Todos juntos tiran. Pero la yuca no sale.

 **Anahí** ¿Ratita nos dará una pata?

 **Homero** ¿Ratita? ¡Ratita es diminuta!

 **Ratita** ¡Pero tengo una gran idea!

Ratita	Toma ese hilo de enredadera. Átalo a la yuca. ¡Y tiremos todos juntos!
Anahí	¡Qué gran idea, Ratita!
Narrador	Todos se ponen en hilera.
Anahí	¡Tiremos todos juntos!

Papá		¡Por fin pudimos!
Ali		¡Hay yuca para todos!
Cerdín		¡Qué rica se ve!

38

Mamá   Ratita es muy astuta.

Anahí   Es diminuta, pero muy lista.

Todos   ¡Eres grande, Ratita!

En la huerta con Magaly Morales

Magaly Morales

Magaly Morales dice: "En mi familia somos muy unidos. Siempre nos ayudamos. Cuando necesito algo, sé que cuento con mi familia, como Anahí con la suya. ¡Juntos somos más fuertes y más listos!".

Propósito de la autora

A Magaly Morales le gusta dibujar personas que ayudan a otras. ¿A ti te gusta ayudar a los demás? Dibújate ayudando a un amigo u otra persona. Escribe algo sobre tu dibujo.

Respuesta al texto

Volver a contar

Vuelve a contar tres detalles importantes de *La yuca de Anahí*. Cuenta los sucesos en orden.

Primero
↓
Después
↓
Luego
↓
Al final

Escribir

¿Qué otra cosa podría decir Ratita? Escribe más líneas de diálogo para Ratita al final del texto. Usa los siguientes marcos de oraciones:

Soy pequeña, pero...
Quiero...

Hacer conexiones

COLABORA

¿En qué se parece la yuca de Anahí a otra planta que hayas visto? PREGUNTA ESENCIAL

Compara los textos
Lee acerca del crecimiento de las plantas.

Cómo crecen las plantas

Estas son semillas.

La vida de una **planta** comienza en una semilla. Dentro de la semilla hay una pequeña planta nueva.

Cuando se siembra la semilla, sale una **raíz** que entra en el suelo. La raíz sostiene la planta. Para seguir creciendo, la planta necesita agua.

(l) lynx/iconotec/Glowimages; (c) Imagemore/age fotostock; (r) ZoonarShullye Serhii/age fotostock

El tallo crece hacia arriba desde la semilla.
Cuando sale del suelo, se llama **brote**.
Del tallo crecen hojas verdes.

¡Las hojas tienen mucho trabajo! Fabrican
el alimento para que la planta viva.
Lo fabrican con agua, aire y luz del sol.

flor

fruto

Con el tiempo, la planta florece.
¡Le salen flores hermosas! Después,
dará frutos, como esta calabaza.
La planta de calabaza da muchos
frutos.

Dentro del fruto hay semillas.
Si siembras las semillas, de ellas
crecerán plantas nuevas.

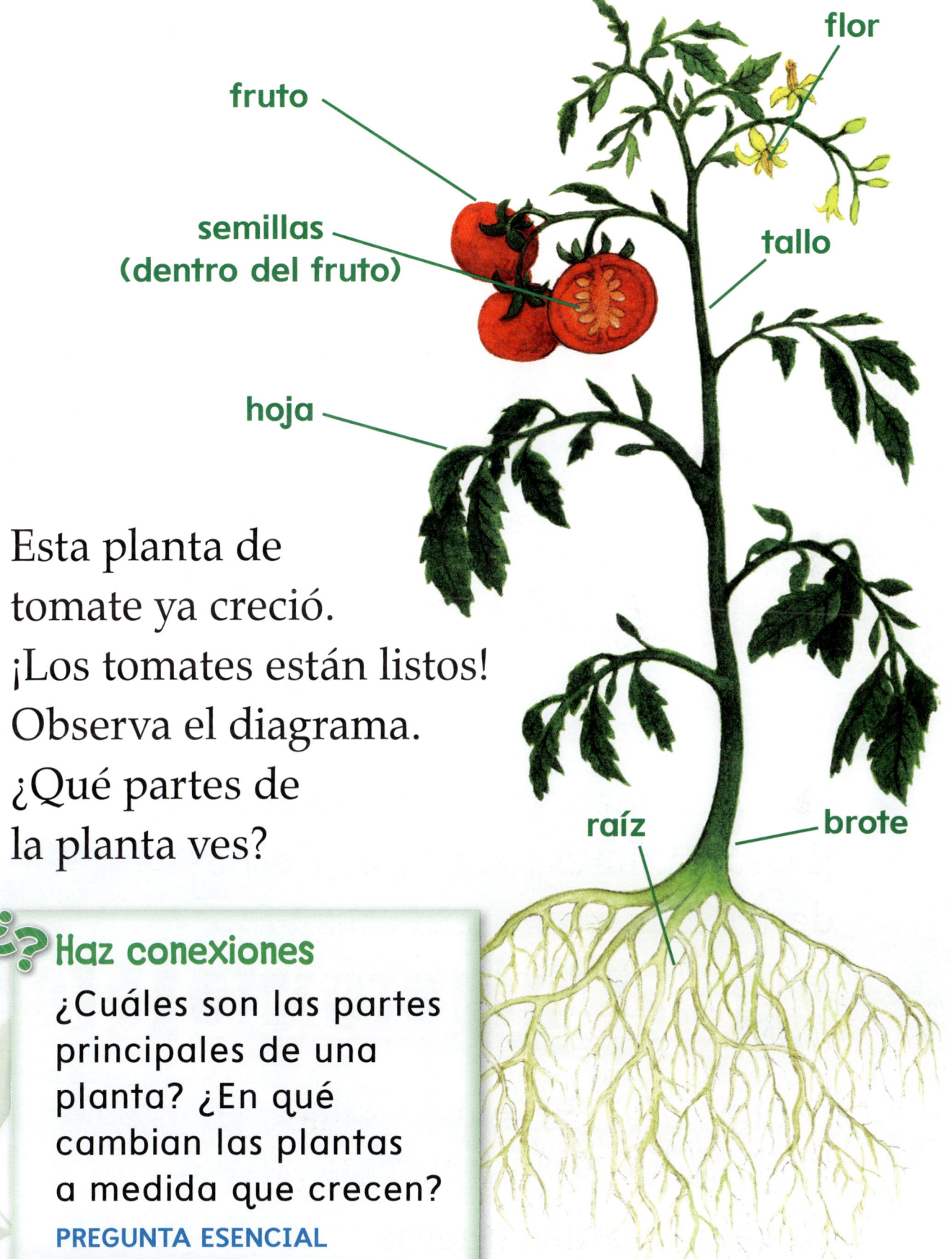

fruto

flor

semillas (dentro del fruto)

tallo

hoja

Esta planta de tomate ya creció. ¡Los tomates están listos! Observa el diagrama. ¿Qué partes de la planta ves?

raíz

brote

¿? Haz conexiones

¿Cuáles son las partes principales de una planta? ¿En qué cambian las plantas a medida que crecen?

PREGUNTA ESENCIAL

Pregunta esencial

¿Qué es un cuento folclórico?

Lee esta versión de la historia tradicional del lobo y las ovejas.

¡Conéctate!

Juguemos en el bosque

Adaptación de Bertina Araya

ilustraciones de Raquel Echenique

Primera edición Lom Ediciones 2008. Santiago – Chile. www.lom.cl

Al sentir que reinaba el silencio, las ovejas finalmente **decidieron** salir al bosque.

Con un poco de cuidado, pero con muchas, muchas, ganas de jugar, las ovejas se internan en el corazón de la foresta y comienzan a **cantar** y bailar la ronda.

Juguemos en el bosque **mientras** el lobo no está...

Lobo, ¿estás?

Juguemos en el bosque mientras el lobo no está...

Lobo, ¿estás?

¡Me estoy poniendo la camisa!

Juguemos en el bosque mientras el lobo
no está...

Lobo, ¿estás?

Juguemos en el bosque mientras el lobo no está...

Lobo, ¿estás?

55

¡Qué susto!

Las ovejas arrancan con mucha prisa al ver que el lobo las viene siguiendo...

...pero el lobo corrió tras las ovejas porque
se moría de ganas de jugar con ellas.

Bertina, ¿estás?

Bertina Araya ha escrito muchos cuentos para niños. Algunos de ellos son *A vuelo de pájaro, ¿Qué será? ¿Qué será?, ¿Dónde vamos de paseo?* y *El cuerpo.*

Juguemos en el bosque es una adaptación divertida que hizo Bertina de la historia tradicional del lobo y las ovejas. En su versión, Bertina pensó en un nuevo final... ¡verdaderamente diferente!

Propósito de la autora

Bertina Araya quería contar una historia conocida, pero agregando un final sorpresivo. ¿Conoces otro cuento en el que haya un lobo? Dibuja una escena del cuento. Escribe una oración para explicar tu dibujo.

Respuesta al texto

Volver a contar

Vuelve a contar *Juguemos en el bosque* con tus propias palabras.

Causa	→	Efecto
◯	→	☐

Escribir

Imagina que el lobo no quisiera asustar a las ovejas. Luego, escribe un nuevo final para el cuento. Usa los siguientes marcos de oraciones:

Las ovejas juegan en...
Primero...
Cuando termina, el lobo...
Luego...

Hacer conexiones

COLABORA

¿En qué se parece este cuento a otros cuentos folclóricos que conoces? PREGUNTA ESENCIAL

Compara los textos

Lee algunos textos que se cuentan desde hace mucho tiempo.

Los niños han cantado canciones o jugado a rondas tradicionales desde hace muchos años. ¡Es posible que tus abuelos y los abuelos de tus abuelos ya hayan cantado estas canciones o hayan jugado a estas mismas rondas!

Illustration: Macarena Ortega

A la rueda, rueda

Ronda tradicional

Allegro assai

A la rue - da, rue - da, de pan y ca - ne - la

vís - te - te pron - to y ve pa - ra la es - cue - la.

Va - mos a can - tar, tam - bién a di - bu - jar.

El coquí

Tradicional,
versión de L. Robertson

Andante

1. Co - quí, co - quí, co - quí, quí, quí, quí.

Co - quí, co - quí, co - quí, quí, quí, quí.

El co - quí, el co - quí siem - pre can - ta.

Es muy sua-ve el can - tar del co - quí.

Por las no - ches a ve - ces me duer - mo

con el dul - ce can - tar del co - quí:

co - quí, co - quí, co - quí, quí, quí, quí.

Co - quí, co - quí, co - quí, quí, quí, quí.

2. Coquí, coquí, coquí, quí, quí, quí.
Coquí, coquí, coquí, quí, quí, quí.
El coquí, el coquí, a mí me encanta.
Por las noches me canta el coquí.
Una rana está siempre cantando
y las otras responden así:
coquí, coquí, coquí, quí, quí, quí.
Coquí, coquí, coquí, quí, quí, quí.

Siempre quietas

Siempre quietas, siempre inquietas,

durmiendo de día,

y de noche despiertas.

(las estrellas)

Adivinanza tradicional

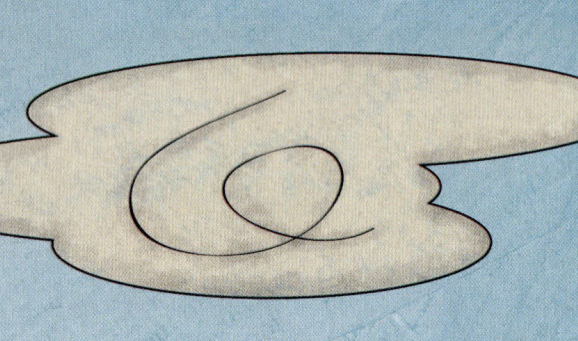

En el aire

En el aire me mantengo,

una cuerda me sostiene,

y la cola que yo tengo

la debo a quien me mantiene.

(la cometa)

Adivinanza tradicional

Illustration: Macarena Ortega

¿A que no adivinas?

Largo y finito

como un palito;

tiene alma negra,

negra, renegra;

deja su huella

detrás de ella

y en el papel

se queda él.

(el lápiz)

Adivinanza tradicional

¿? Haz conexiones

¿En qué se parecen las canciones y las adivinanzas tradicionales a los cuentos folclóricos?

PREGUNTA ESENCIAL

65

Pregunta esencial

¿Cómo era la vida antes y cómo es ahora?

Lee acerca del presente y el pasado.

¡Conéctate!

Antes y ahora

Minda Novek

¿Cómo era la vida hace más de un **siglo**? En algunas cosas era como la vida de ahora. Pero también era muy distinta.

Hoy andamos en carro. ¡Podemos ir rápido a todas partes! Es divertido salir de paseo con papá y mamá.

©Juice Images/Corbis

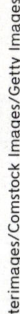

Antes la gente andaba en carreta.
¡Mira la **vieja** carreta de la foto!
Se tardaba bastante en ir de un
lugar a otro.

Jupiterimages/Comstock Images/Getty Images

Meiko Arquillos/Alamy Stock Photo

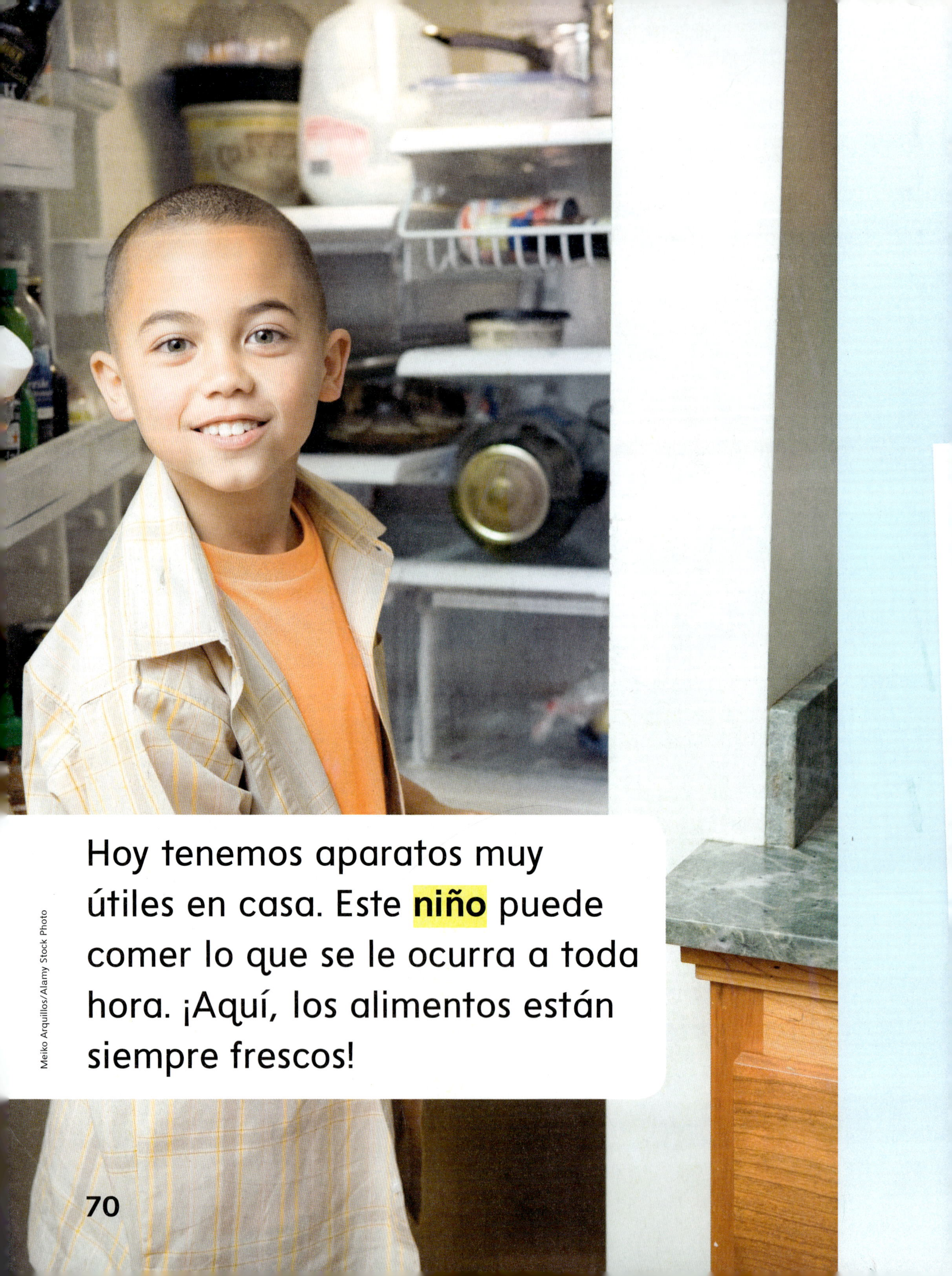

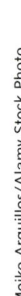

Hoy tenemos aparatos muy útiles en casa. Este **niño** puede comer lo que se le ocurra a toda hora. ¡Aquí, los alimentos están siempre frescos!

Antes se mantenían los alimentos
frescos en una caja con hielo.
El repartidor de hielo iba en
una carreta, casa por casa.
¿Qué usa este hombre para
llevar el hielo?

Hoy tenemos agua en casa.
Podemos lavar cosas y beber
agua potable.

Photo by Henry Arthur Taft, used by permission

Antes, la gente sacaba agua con una bomba. En este pueblo **pequeño**, el muchacho saca agua para llevar a su casa.

73

Hoy tenemos máquinas muy útiles. ¿Sabes el **nombre** de esta máquina? Con ella lavamos la ropa en casa.

Yellow Dog Productions/Lifesize/Getty Images

En el pasado no era tan divertido lavar la ropa. Se usaba una tina con agua y jabón. ¡Había que refregar sin descanso! Después, toda la ropa se secaba al sol.

¿En qué se parecen los niños de hoy a los de antes?

En el pasado, los niños también iban a la escuela. Usaban lápiz y papel. Leían libros en clase para divertirse y aprender.

Hoy, aún usamos lápiz, papel y libros en la escuela. Pero también usamos otras cosas nuevas. Podemos escribir en una computadora. Usamos internet para divertirnos y aprender.

Mira esta ronda. No es muy distinta de las que se ven ahora. ¡Es casi el mismo juego!

Los niños de antes también patinaban y jugaban al béisbol. ¡Casi **nadie** notaría que las fotos son tan viejas!

Estos juegos son de hoy y de siempre.
¿Y a ti qué juego te gusta más?

Minda Novek antes y ahora

Antes, a **Minda Novek** le gustaba escribir sobre la vida en el pasado. Ahora le gusta escribir sobre niños de todo el mundo. Minda ilustra sus textos con fotos, para que sus pequeños lectores aprendan sobre personas reales.

Propósito de la autora

Minda Novek compara la vida del pasado con la del presente. Dibuja un objeto del pasado y un objeto actual. Escribe algo acerca de cada dibujo.

80

Respuesta al texto

Volver a contar

Vuelve a contar *Antes y ahora* con tus propias palabras.

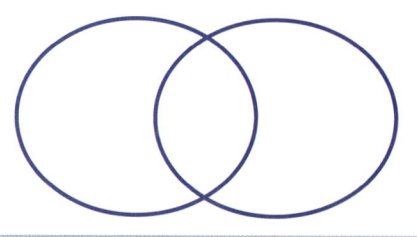

Escribir

Basándote en *Antes y ahora*, ¿crees que para los niños es mejor la vida ahora o en el pasado? ¿Por qué? Usa los siguientes marcos de oraciones:

Ahora, los niños pueden...
Antes, los niños podían...
Creo que es mejor...

Hacer conexiones

¿Cómo sería la escuela si todos los niños estuvieran en la misma clase?

PREGUNTA ESENCIAL

Photo by Henry Arthur Taft, used by permission

81

Compara los textos

Lee acerca de los cambios en los medios de transporte.

Del caballo al avión

Hoy viajamos en carros, aviones y trenes. En el pasado no había tantos medios de **transporte**. Antes de que se inventara el **motor**, la gente viajaba a pie o a caballo.

Antes se viajaba en carretas tiradas por caballos.

(bkgd) Design Pics/Don Hammond; (b) Dynamic Graphics/Fotosearch

Los trenes recorren grandes distancias sobre las vías.

Después se **inventó** el tren.
El primer tren tenía un motor
a vapor. ¡Y era mucho más
rápido! Antes del tren, recorrer
cien kilómetros llevaba días.
Con el tren fue posible hacerlo
en unas horas.

©Corbis

Años más tarde se inventaron los carros. Los primeros carros no andaban muy rápido. ¡Los de hoy son mucho más veloces! A todos nos gusta andar en carro. ¡En carro podemos ir a casi todas partes!

Los primeros carros eran apenas un poco más veloces que los caballos.

Los primeros aviones no volaban muy rápido.

Pronto apareció una forma más veloz de viajar. ¡Se inventó el avión! Los aviones pueden volar sobre montañas y océanos. Hoy podemos ir al otro extremo del mundo en un día. ¡Eso antes llevaba mucho tiempo!

(bkg and tr) U.S. Air Force; (tl) Bettmann/Getty Images

¿? Haz conexiones

¿Qué transportes usas? ¿En qué se diferencian de los transportes antiguos?

PREGUNTA ESENCIAL

¿? **Pregunta esencial**

¿Cómo llega el alimento hasta nosotros?

Lee sobre cómo se obtiene la leche.

¡Conéctate!

De las vacas para ti

Mira estas vacas lecheras. Ellas hacen la leche que bebemos. En primavera y verano están en la pradera.

¡El pasto que cubre el **suelo** es su alimento favorito!

©David Frazier/Corbis

En invierno las vacas pasan más tiempo en el establo calentito. El granjero les da de comer heno. Si comen bien, darán buena leche.

Las vacas lecheras dan bastante **trabajo**.
Hay que ordeñarlas todas las mañanas
y todas las tardes.

Esta granjera
ordeña su vaca
a mano. Pone
un cubo para
que la leche no
caiga en la **tierra**.

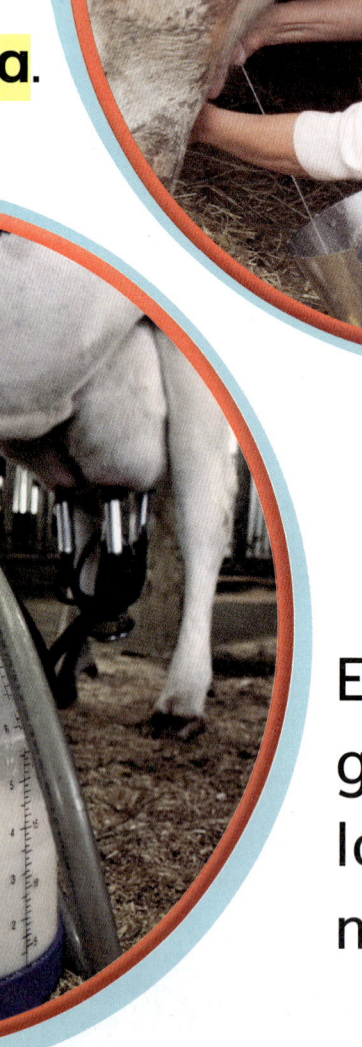

En los tambos
grandes se ordeñan
las vacas con una
máquina.

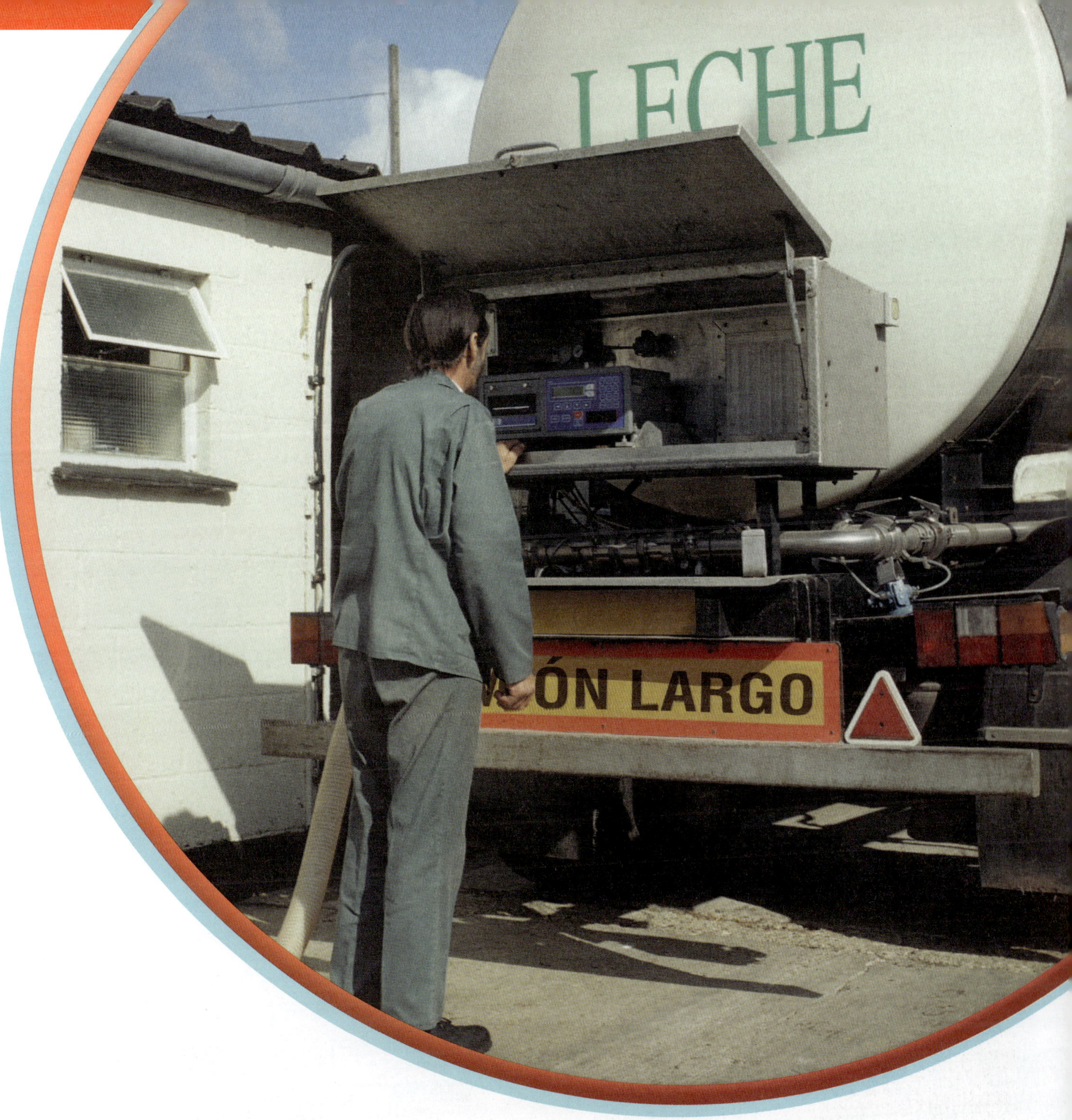

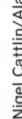

La leche se pone **dentro** de un tanque enorme y se mantiene a baja temperatura. Así no se pone en mal estado. Después, la leche va a la lechería.

Nigel Cattlin/Alamy

En la lechería se hierve la leche para matar los gérmenes. Después se le baja la temperatura y se envasa en cartones.

Mira a ese trabajador. ¡Pasa **ocho** horas por día envasando leche!

Después, la leche va a los mercados y a las tiendas. En los estantes hay tantos cartones que se apilan uno **encima** del otro. ¿Quién beberá toda esa leche? ¡Tú y yo!

Con la leche se hacen muchos alimentos. Algunos productos lácteos nos mantienen sanos y fuertes.

Con la leche se hacen quesos de todo tipo.

La mantequilla se hace con leche.

La leche se calienta y se trata para hacer yogur.

Datos curiosos

¡Muuuu!

- Una vaca puede dar leche para llenar unos 90 vasos por día.

- Algunos granjeros ponen música en el tambo, porque dicen que así las vacas dan más leche.

Respuesta al texto

1. Vuelve a contar los detalles importantes de la selección. **VOLVER A CONTAR**

2. Basándote en *De las vacas para ti,* ¿qué trabajo en el proceso de la leche te gustaría tener? ¿Por qué? **ESCRIBIR**

3. ¿Qué otros alimentos vienen de las granjas? **EL TEXTO Y EL MUNDO**

Tabla de alimentos

Los lácteos son un grupo de alimentos. Otros grupos son los cereales, las frutas, las verduras y las proteínas.

Una dieta sana debe tener alimentos de todos los grupos. ¿Tú comes alimentos de todos los grupos? Esta tabla te ayudará a saberlo.

Cinco grupos de alimentos

Lácteos	Cereales	Frutas	Verduras	Proteínas
 leche	 pan	 manzanas	 lechuga	 huevos
 queso	 arroz	 bananas	 zanahorias	 nueces
 yogur	 pastas	 naranjas	 brócoli	 carne

Nombra dos alimentos que tengan proteínas. ¿Qué cereal te gusta comer? ¿Qué lácteos comes más?

Haz conexiones

¿Qué alimentos de la tabla vienen de los animales? ¿Cuáles vienen de las plantas? **PREGUNTA ESENCIAL**

(tl) PhotoObjects.net/Getty Images; (tcl) IT Stock/PunchStock; (tc) I. Rozenbaum & F. Cirou/PhotoAlto; (tcr) I. Rozenbaum & F. Cirou/PhotoAlto; (tr) Isabelle Rozenbaum & deric Cirou/PhotoAlto/Getty Images; (cl) Comstock/Jupiter Images; (clc) Ildi Papp/YAY Micro/age fotostock; (c) Ingram Publishing/age fotostock; (crc) Comstock/Jupiter Images; (cr) I. Rozenbaum & F. Cirou/PhotoAlto; (tbl) Comstock/Jupiter Images; (bcl) Ingram Publishing/SuperStock; (bc) Stockbyte/Getty Images; (bcr) The McGraw-Hill Companies Inc./Mark Steinmetz, photographer; (br) ami mataraj/Shutterstock.com; (b) Stockbyte/Getty Images

Glosario

¿Qué es un glosario? Un glosario ayuda a comprender el significado de algunas palabras. Las palabras se presentan en orden alfabético. Se suelen mostrar en una oración de ejemplo. A veces hay una foto que las ilustra.

Ejemplo de entrada

Letra

Hh

Entrada

Oración

hermana

Mi **hermana** juega con amigos.

Aa

agua
Bebo **agua** para refrescarme.

Cc

caja
La **caja** es de cartón.

carro

Este **carro** era de mi abuelo.

Ee

enredadera

La **enredadera** trepa por el muro.

(t) Paul Piebinga/Photodisc/Getty Images; (b) Wetzel and Company

Ff

flores

Las **flores** tienen pétalos.

Hh

hermana

Mi **hermana** juega con amigos.

Mm

máquinas

Las **máquinas** hacen el trabajo más fácil.

motor

El **motor** mueve el carro.

Nn

niño

El **niño** juega a la pelota.

Oo

ovejas

Las **ovejas** pastan en el prado.

Pp

perra
La **perra** tiene muchos cachorros.

Rr

reloj
El **reloj** marca la hora.

Tt

tierra

Las verduras crecen en la **tierra**.

trabajo

El doctor hace su **trabajo** en el hospital.

(t) Pixtal/AGE Fotostock; (b) Purestock/Superstock